Monika Plöckinger

ERSTES LESEN ÜBEN MIT GEDICHTEN

Einfache, wiederkehrende Übungen für Erstleser*innen

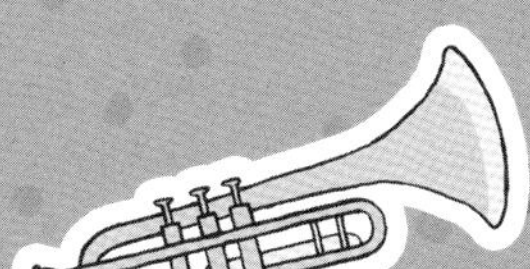

Verlag an der Ruhr

Impressum

Titel

Erstes Lesen üben mit Gedichten
*Einfache, wiederkehrende Übungen für Erstleser*innen*

Autorin

Monika Plöckinger

Umschlagmotive

Anja Boretzki

Illustrationen

Anja Boretzki

Druck

AZ Druck und Datentechnik GmbH, Kempten, DE

Verlag an der Ruhr
Mülheim an der Ruhr
www.verlagruhr.de

Geeignet für die Klassen 1–2

Urheberrechtlicher Hinweis
Das Werk und seine Teile sind urheberrechtlich geschützt. Jede Verwendung in anderen als den gesetzlich zugelassenen Fällen oder außerhalb dieser Bedingungen bedarf der vorherigen schriftlichen Einwilligung des Verlages. Im Werk vorhandene Kopiervorlagen dürfen vervielfältigt werden, allerdings nur für Schüler*innen der eigenen Klasse/des eigenen Kurses. Die dazu notwendigen Informationen (Buchtitel, Verlag und Autorin) haben wir für Sie als Service bereits mit eingedruckt. Diese Angaben dürfen weder verändert noch entfernt werden. Die Weitergabe von Kopiervorlagen oder Kopien (auch von Ihnen veränderte) an Kolleg*innen, Eltern oder Schüler*innen anderer Klassen/Kurse ist nicht gestattet.
Der Verlag untersagt ausdrücklich das Herstellen von digitalen Kopien, das digitale Speichern und Zurverfügungstellen dieser Materialien in Netzwerken (das gilt auch für Intranets von Schulen und sonstigen Bildungseinrichtungen), per E-Mail, Internet oder sonstigen elektronischen Medien außerhalb der gesetzlichen Grenzen. Kein Verleih. Keine gewerbliche Nutzung.
Näheres zu unseren Lizenzbedingungen können Sie unter www.verlagruhr.de/lizenzbedingungen/ nachlesen.

Bitte beachten Sie zusätzlich die Informationen unter www.schulbuchkopie.de.

Soweit in diesem Produkt Personen fotografisch abgebildet sind und ihnen von der Redaktion fiktive Namen, Berufe, Dialoge u. Ä. zugeordnet oder diese Personen in bestimmte Kontexte gesetzt werden, dienen diese Zuordnungen und Darstellungen ausschließlich der Veranschaulichung und dem besseren Verständnis des Inhalts.

© Verlag an der Ruhr 2022
ISBN 978-3-8346-6082-4

Inhaltsverzeichnis

Vorwort

Liebe Lehrerinnen und Lehrer,

das Lesenlernen ist eine der wichtigsten Aufgaben im Anfangsunterricht. Daher ist die Lesekompetenz eine der Schlüsselfunktionen für viele weitere Entwicklungsschritte im Bildungsprozess. Mit diesen 6-zeiligen kindgerechten Reimgedichten können Sie auf spielerische Art und Weise die Lesefähigkeit und die positiven Leseerfahrungen der jungen Leser und Leserinnen fördern.
Anhand der typischen Merkmale von Kinderlyrik, wie zum Beispiel die Wiederholungen durch den Reim, die Kürze und Übersichtlichkeit des Textes und den Sprachrhythmus, wird den Kindern das Erlesen und Verständnis des Gedichtes erleichtert.
Durch die Konzentration auf das letzte Wort in einer Verszeile werden sie motiviert, das mitunter mühsame Aneinanderreihen der Buchstaben auf sich zu nehmen, um schließlich das Reimwort in der zweiten Verszeile zu erfahren. Das Erfassen dieses Reimwortes stellt gewissermaßen eine Belohnung für das Bemühen dar und ermuntert zum Weitermachen. Das Erfolgserlebnis, einen durchgehenden, wenn auch kurzen Text bewältigt zu haben, vielleicht ihn sogar auswendig aufzusagen, wird die Kinder sicherlich mit Stolz erfüllen.
Darüber hinaus wird durch das abgesetzte Schreiben in Strophenform rein optisch ein eventueller Leistungsdruck minimiert und der Stressfaktor weitgehend ausgeschaltet, sodass ein freudvolles Leseerlebnis ermöglicht wird.

Da sich dieses Buch vor allem an Leseanfänger und Leseanfängerinnen richtet, wurde bei der Wortwahl der kurzen Gedichte möglichst das lautgetreue Lesen berücksichtigt. Um jedoch schlüssige Inhalte anzubieten, war es zum Teil dann doch erforderlich, auf einen erweiterten Wortschatz zurückzugreifen. Dabei spielte aber stets die eigene Erfahrungswelt der Kinder eine große Rolle.
Um das Leseverständnis noch weiter zu fördern, folgen nach dem eigentlichen Lesetext motivierende, wiederkehrende Aufgabenformate. Diese sind zum Teil differenziert, sodass Sie selbst am besten entscheiden können, welches Aufgabenblatt Sie Ihren jeweiligen Schülern und Schülerinnen geben können.

Die Aufgabenformate sind dies im Einzelnen:

- Kennzeichnung der Wörter mit Silbenbögen
- Verbinden der Reimwörter
- Verbinden von Satzteilen
- Lückentext in einfacher Form mit angebotenen Wörtern zum Einsetzen
- Lückentext in schwieriger Form: anstelle der angegebenen Wörter die entsprechende Linienanzahl von Buchstaben zum Einsetzen
- Nummerierung der richtigen Reihenfolge der Gedichtzeilen
- Herausfinden eines nicht in die Zeile gehörenden Wortes.

Ich wünsche Ihnen und Ihren Schülerinnen und Schülern ein freudvolles und erfolgreiches Arbeiten mit den Gedichten.

Jahreszeiten

Im Frühling fahre ich mit dem Rad,
im Sommer gehe ich ins Bad,

im Herbst springe ich in eine Pfütze,
im Winter trage ich eine Mütze.

Ich kenne die vier Jahreszeiten,
die mich durch das Jahr begleiten.

© Verlag an der Ruhr | Autorin: Monika Plöckinger | Abb.: Anja Boretzki | www.verlagruhr.de

Jahreszeiten

Male die Silbenbögen.

Im Frühling fahre ich mit dem Rad,

im Sommer gehe ich ins Bad,

im Herbst springe ich in eine Pfütze,

im Winter trage ich eine Mütze.

Ich kenne die vier Jahreszeiten,

die mich durch das Jahr begleiten.

© Verlag an der Ruhr | Autorin: Monika Plöckinger | Abb.: Anja Boretzki | www.verlagruhr.de

Jahreszeiten

Verbinde die Reimwörter.

Pfütze •	• Bad
Rad •	• begleiten
Jahreszeiten •	• Mütze

© Verlag an der Ruhr | Autorin: Monika Plockinger | Abb.: Anja Boretzki | www.verlagruhr.de

Jahreszeiten

Verbinde die Satzteile.

Im Frühling •	• gehe ich ins Bad,
im Sommer •	• die vier Jahreszeiten,
im Herbst •	• fahre ich mit dem Rad,
im Winter •	• springe ich in eine Pfütze,
Ich kenne •	• das Jahr begleiten.
die mich durch •	• trage ich eine Mütze.

© Verlag an der Ruhr | Autorin: Monika Plockinger | Abb.: Anja Boretzki | www.verlagruhr.de

Jahreszeiten

Schreibe die passenden Wörter in die Lücken.

Im Frühling .... ich mit dem Rad,

im Sommer .... ich ins Bad,

im Herbst .... ich in eine Pfütze,

im Winter .... ich eine Mütze.

Ich .... die vier Jahreszeiten,

die mich durch das .... begleiten.

Jahr
fahre
kenne
springe
gehe
trage

© Verlag an der Ruhr | Autorin: Monika Plockinger | Abb.: Anja Boretzki | www.verlagruhr.de

Jahreszeiten

Schreibe die passenden Wörter in die Lücken.

Im Frühling _ _ _ _ _ ich mit dem Rad,

im Sommer _ _ _ _ ich ins Bad,

im Herbst _ _ _ _ _ _ _ ich in eine Pfütze,

im Winter _ _ _ _ _ ich eine Mütze.

Ich _ _ _ _ _ die vier Jahreszeiten,

die mich durch das _ _ _ _ begleiten.

© Verlag an der Ruhr | Autorin: Monika Plockinger | Abb.: Anja Boretzki | www.verlagruhr.de

Jahreszeiten

Nummeriere in der richtigen Reihenfolge.

☐ Ich kenne die vier Jahreszeiten,

☐ im Sommer gehe ich ins Bad,

☐ die mich durch das Jahr begleiten.

☐ im Winter trage ich eine Mütze.

☐ im Herbst springe ich in eine Pfütze,

☐ Im Frühling fahre ich mit dem Rad,

© Verlag an der Ruhr | Autorin: Monika Plockinger | Abb.: Anja Boretzki | www.verlagruhr.de

Jahreszeiten

In jeder Zeile ist ein Wort zu viel. Streiche es durch.

Im Frühling Kasten fahre ich mit dem Rad,

im Sommer gehe schlafe ich ins Bad,

im Herbst springe ich in eine Banane Pfütze,

im Winter Bild trage ich eine Mütze.

Ich kenne suche die vier Jahreszeiten,

die mich durch das Zimmer Jahr begleiten.

© Verlag an der Ruhr | Autorin: Monika Plockinger | Abb.: Anja Boretzki | www.verlagruhr.de

Frühling

In der klaren Luft
liegt der süße Duft

von Blumen und Bäumen.
Sie erwachen aus den Träumen

nach der langen, kalten Zeit
und machen sich bereit.

© Verlag an der Ruhr | Autorin: Monika Plöckinger | Abb.: Anja Boretzki | www.verlagruhr.de

Frühling

Male die Silbenbögen.

In der klaren Luft

liegt der süße Duft

von Blumen und Bäumen.

Sie erwachen aus den Träumen

nach der langen, kalten Zeit

und machen sich bereit.

© Verlag an der Ruhr | Autorin: Monika Plöckinger | Abb.: Anja Boretzki | www.verlagruhr.de

Frühling

Verbinde die Reimwörter.

Bäumen • • bereit

Zeit • • Duft

Luft • • Träumen

© Verlag an der Ruhr | Autorin: Monika Plockinger | Abb.: Anja Boretzki | www.verlagruhr.de

Frühling

Verbinde die Satzteile.

In der • • sich bereit.

liegt der • • aus den Träumen

von Blumen • • klaren Luft

Sie erwachen • • kalten Zeit

nach der langen, • • süße Duft

und machen • • und Bäumen.

© Verlag an der Ruhr | Autorin: Monika Plockinger | Abb.: Anja Boretzki | www.verlagruhr.de

Frühling

Schreibe die passenden Wörter in die Lücken.

In der .... Luft

.... der süße Duft

von .... und Bäumen.

Sie erwachen aus .... Träumen

nach der langen, ... Zeit

und .... sich bereit.

Blumen

kalten

klaren

den

machen

liegt

© Verlag an der Ruhr | Autorin: Monika Plöckinger | Abb.: Anja Boretzki | www.verlagruhr.de

Frühling

Schreibe die passenden Wörter in die Lücken.

In der _ _ _ _ _ _ Luft

_ _ _ _ _ der süße Duft

von _ _ _ _ _ _ und Bäumen.

Sie erwachen aus _ _ _ Träumen

nach der langen, _ _ _ _ _ _ Zeit

und _ _ _ _ _ _ sich bereit.

© Verlag an der Ruhr | Autorin: Monika Plöckinger | Abb.: Anja Boretzki | www.verlagruhr.de

Frühling

Nummeriere in der richtigen Reihenfolge.

- [ ] Sie erwachen aus den Träumen
- [ ] In der klaren Luft
- [ ] von Blumen und Bäumen.
- [ ] und machen sich bereit.
- [ ] nach der langen, kalten Zeit
- [ ] liegt der süße Duft

© Verlag an der Ruhr | Autorin: Monika Plockinger | Abb.: Anja Boretzki | www.verlagruhr.de

Frühling

In jeder Zeile ist ein Wort zu viel. Streiche es durch.

In der klaren Ecke Luft

liegt der rote süße Duft

von Blumen Papier und Bäumen.

Sie erwachen schlagen aus den Träumen

nach der kleinen langen, kalten Zeit

und machen hüpfen sich bereit.

© Verlag an der Ruhr | Autorin: Monika Plockinger | Abb.: Anja Boretzki | www.verlagruhr.de

Sommer

Im Sommer ist es heiß,
da esse ich gerne ein Eis.

Ich nehme Schoko mit Melone
oder Erdbeere mit Zitrone.

Die Hitze ist vergessen,
ich werde noch eines essen.

© Verlag an der Ruhr | Autorin: Monika Plöckinger | Abb.: Anja Boretzki | www.verlagruhr.de

Sommer

Male die Silbenbögen.

Im Sommer ist es heiß,

da esse ich gerne ein Eis.

Ich nehme Schoko mit Melone

oder Erdbeere mit Zitrone.

Die Hitze ist vergessen,

ich werde noch eines essen.

© Verlag an der Ruhr | Autorin: Monika Plöckinger | Abb.: Anja Boretzki | www.verlagruhr.de

Sommer

Verbinde die Reimwörter.

vergessen •	• Eis
Melone •	• essen
heiß •	• Zitrone

© Verlag an der Ruhr | Autorin: Monika Plockinger | Abb.: Anja Boretzki | www.verlagruhr.de

Sommer

Verbinde die Satzteile.

Im Sommer •	• gerne ein Eis.
da esse ich •	• Schoko mit Melone
Ich nehme •	• Erdbeere mit Zitrone.
oder •	• ist es heiß,
Die Hitze •	• noch eines essen.
ich werde •	• ist vergessen,

© Verlag an der Ruhr | Autorin: Monika Plockinger | Abb.: Anja Boretzki | www.verlagruhr.de

Sommer

Schreibe die passenden Wörter in die Lücken.

Im .... ist es heiß,

da .... ich gerne ein Eis.

Ich nehme .... mit Melone

oder .... mit Zitrone.

Die Hitze .... vergessen,

ich werde .... eines essen.

Schoko
esse
noch
Erdbeere
Sommer
ist

© Verlag an der Ruhr | Autorin: Monika Plöckinger | Abb.: Anja Boretzki | www.verlagruhr.de

Sommer

Schreibe die passenden Wörter in die Lücken.

Im __ __ __ __ __ __ ist es heiß,

da __ __ __ __ ich gerne ein Eis.

Ich nehme __ __ __ __ __ __ mit Melone

oder __ __ __ __ __ __ __ __ mit Zitrone.

Die Hitze __ __ __ vergessen,

ich werde __ __ __ __ eines essen.

© Verlag an der Ruhr | Autorin: Monika Plöckinger | Abb.: Anja Boretzki | www.verlagruhr.de

Sommer

Nummeriere in der richtigen Reihenfolge.

- ☐ da esse ich gerne ein Eis.
- ☐ oder Erdbeere mit Zitrone.
- ☐ ich werde noch eines essen.
- ☐ Im Sommer ist es heiß,
- ☐ Die Hitze ist vergessen,
- ☐ Ich nehme Schoko mit Melone

© Verlag an der Ruhr | Autorin: Monika Plockinger | Abb.: Anja Boretzki | www.verlagruhr.de

Sommer

In jeder Zeile ist ein Wort zu viel. Streiche es durch.

Im Sommer ist es glatt heiß,

da sehe esse ich gerne ein Eis.

Ich nehme werfe Schoko mit Melone

oder Erdbeere Gurke mit Zitrone.

Die Hitze Tasse ist vergessen,

ich werde noch eines kleben essen.

© Verlag an der Ruhr | Autorin: Monika Plockinger | Abb.: Anja Boretzki | www.verlagruhr.de

Herbst

Es färben sich die Wälder,
still liegen die Felder.

Der Nebel senkt sich wieder
auf die Straßen nieder.

Der Wind treibt die Blätter,
der Herbst bringt kühles Wetter.

© Verlag an der Ruhr | Autorin: Monika Plöckinger | Abb.: Anja Boretzki | www.verlagruhr.de

Herbst

Male die Silbenbögen.

Es färben sich die Wälder,

still liegen die Felder.

Der Nebel senkt sich wieder

auf die Straßen nieder.

Der Wind treibt die Blätter,

der Herbst bringt kühles Wetter.

© Verlag an der Ruhr | Autorin: Monika Plöckinger | Abb.: Anja Boretzki | www.verlagruhr.de

Herbst

Verbinde die Reimwörter.

wieder •	• Wetter
Blätter •	• Felder
Wälder •	• nieder

© Verlag an der Ruhr | Autorin: Monika Plockinger | Abb.: Anja Boretzki | www.verlagruhr.de

Herbst

Verbinde die Satzteile.

Es färben sich •	• senkt sich wieder
still liegen •	• die Wälder,
Der Nebel •	• treibt die Blätter,
auf die •	• die Felder.
Der Wind •	• bringt kühles Wetter.
der Herbst •	• Straßen nieder.

© Verlag an der Ruhr | Autorin: Monika Plockinger | Abb.: Anja Boretzki | www.verlagruhr.de

Herbst

Schreibe die passenden Wörter in die Lücken.

Es färben .... die Wälder,

still .... die Felder.

Der .... senkt sich wieder

auf .... Straßen nieder.

Der Wind .... die Blätter,

der Herbst .... kühles Wetter.

liegen
sich
die
treibt
Nebel
bringt

© Verlag an der Ruhr | Autorin: Monika Plöckinger | Abb.: Anja Boretzki | www.verlagruhr.de

Herbst

Schreibe die passenden Wörter in die Lücken.

Es färben __ __ __ __ die Wälder,

still __ __ __ __ __ __ die Felder.

Der __ __ __ __ __ senkt sich wieder

auf __ __ __ Straßen nieder.

Der Wind __ __ __ __ __ __ die Blätter,

der Herbst __ __ __ __ __ __ kühles Wetter.

© Verlag an der Ruhr | Autorin: Monika Plöckinger | Abb.: Anja Boretzki | www.verlagruhr.de

Herbst

Nummeriere in der richtigen Reihenfolge.

☐ Der Nebel senkt sich wieder

☐ Der Wind treibt die Blätter,

☐ still liegen die Felder.

☐ der Herbst bringt kühles Wetter.

☐ auf die Straßen nieder.

☐ Es färben sich die Wälder,

© Verlag an der Ruhr | Autorin: Monika Plöckinger | Abb.: Anja Boretzki | www.verlagruhr.de

Herbst

In jeder Zeile ist ein Wort zu viel. Streiche es durch.

Es färben sich die Kühe Wälder,

still rund liegen die Felder.

Der Nebel Bleistift senkt sich wieder

auf die Straßen Schuhe nieder.

Der Wind sucht treibt die Blätter,

der Herbst Tiger bringt kühles Wetter.

© Verlag an der Ruhr | Autorin: Monika Plöckinger | Abb.: Anja Boretzki | www.verlagruhr.de

Winter

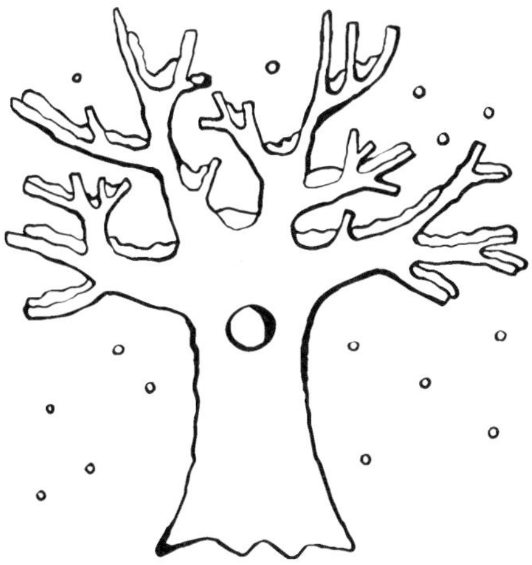

Ich ziehe die Stiefel an,
dass ich nicht frieren kann.

Dann laufe ich hinaus,
Schnee liegt vor dem Haus.

Die weißen Flocken
Kinder nach draußen locken.

© Verlag an der Ruhr | Autorin: Monika Plockinger | Abb.: Anja Boretzki | www.verlagruhr.de

Winter

Male die Silbenbögen.

Ich ziehe die Stiefel an,

dass ich nicht frieren kann.

Dann laufe ich hinaus,

Schnee liegt vor dem Haus.

Die weißen Flocken

Kinder nach draußen locken.

© Verlag an der Ruhr | Autorin: Monika Plockinger | Abb.: Anja Boretzki | www.verlagruhr.de

Winter

Verbinde die Reimwörter.

Flocken •	• Haus
an •	• kann
hinaus •	• locken

© Verlag an der Ruhr | Autorin: Monika Plöckinger | Abb.: Anja Boretzki | www.verlagruhr.de

Winter

Verbinde die Satzteile.

Ich ziehe •	• hinaus,
dass ich nicht •	• nach draußen locken.
Dann laufe ich •	• die Stiefel an,
Schnee liegt •	• Flocken
Die weißen •	• vor dem Haus.
Kinder •	• frieren kann.

© Verlag an der Ruhr | Autorin: Monika Plöckinger | Abb.: Anja Boretzki | www.verlagruhr.de

Winter

Schreibe die passenden Wörter in die Lücken.

Ich ziehe die .... an,

dass ich nicht .... kann.

Dann laufe .... hinaus,

Schnee liegt .... dem Haus.

Die .... Flocken

Kinder .... draußen locken.

vor

frieren

weißen

Stiefel

nach

ich

© Verlag an der Ruhr | Autorin: Monika Plöckinger | Abb.: Anja Boretzki | www.verlagruhr.de

Winter

Schreibe die passenden Wörter in die Lücken.

Ich ziehe die _ _ _ _ _ _ _ an,

dass ich nicht _ _ _ _ _ _ _ kann.

Dann laufe _ _ _ hinaus,

Schnee liegt _ _ _ dem Haus.

Die _ _ _ _ _ _ Flocken

Kinder _ _ _ _ draußen locken.

© Verlag an der Ruhr | Autorin: Monika Plöckinger | Abb.: Anja Boretzki | www.verlagruhr.de

Winter

Nummeriere in der richtigen Reihenfolge.

☐ Dann laufe ich hinaus,

☐ Die weißen Flocken

☐ Ich ziehe die Stiefel an,

☐ Schnee liegt vor dem Haus.

☐ Kinder nach draußen locken.

☐ dass ich nicht frieren kann.

© Verlag an der Ruhr | Autorin: Monika Plockinger | Abb.: Anja Boretzki | www.verlagruhr.de

Winter

In jeder Zeile ist ein Wort zu viel. Streiche es durch.

Ich ziehe die Löffel Stiefel an,

dass ich nicht frieren tanzen kann.

Dann laufe sitze ich hinaus,

Schnee Sand liegt vor dem Haus.

Die weißen schwarzen Flocken

Kinder Hühner nach draußen locken.

© Verlag an der Ruhr | Autorin: Monika Plockinger | Abb.: Anja Boretzki | www.verlagruhr.de

Wie Tiere sprechen

Der Hund bellt laut,
die Katze miaut,

der Bär brummt,
die Biene summt.

So sprechen die Tiere,
bis jetzt sind es viere.

© Verlag an der Ruhr | Autorin: Monika Plöckinger | Abb.: Anja Boretzki | www.verlagruhr.de

Wie Tiere sprechen

Male die Silbenbögen.

Der Hund bellt laut,

die Katze miaut,

der Bär brummt,

die Biene summt.

So sprechen die Tiere,

bis jetzt sind es viere.

© Verlag an der Ruhr | Autorin: Monika Plöckinger | Abb.: Anja Boretzki | www.verlagruhr.de

Wie Tiere sprechen

Verbinde die Reimwörter.

brummt •	• miaut
laut •	• viere
Tiere •	• summt

© Verlag an der Ruhr | Autorin: Monika Plockinger | Abb.: Anja Boretzki | www.verlagruhr.de

Wie Tiere sprechen

Verbinde die Satzteile.

Der Hund •	• brummt,
die Katze •	• summt.
der Bär •	• sind es viere.
die Biene •	• miaut,
So sprechen •	• bellt laut,
bis jetzt •	• die Tiere,

© Verlag an der Ruhr | Autorin: Monika Plockinger | Abb.: Anja Boretzki | www.verlagruhr.de

Wie Tiere sprechen

Schreibe die passenden Wörter in die Lücken.

Der Hund .... laut,

die Katze .... ,

der .... brummt,

die .... summt.

So .... die Tiere,

bis .... sind es viere.

sprechen

Bär

bellt

Biene

miaut

jetzt

© Verlag an der Ruhr | Autorin: Monika Plockinger | Abb.: Anja Boretzki | www.verlagruhr.de

Wie Tiere sprechen

Schreibe die passenden Wörter in die Lücken.

Der Hund _ _ _ _ _ laut,

die Katze _ _ _ _ _ ,

der _ _ _ brummt,

die _ _ _ _ _ summt.

So _ _ _ _ _ _ _ _ die Tiere,

bis _ _ _ _ _ sind es viere.

© Verlag an der Ruhr | Autorin: Monika Plockinger | Abb.: Anja Boretzki | www.verlagruhr.de

Wie Tiere sprechen

Nummeriere in der richtigen Reihenfolge.

☐ der Bär brummt,

☐ So sprechen die Tiere,

☐ Der Hund bellt laut,

☐ bis jetzt sind es viere.

☐ die Biene summt.

☐ die Katze miaut,

© Verlag an der Ruhr | Autorin: Monika Plöckinger | Abb.: Anja Boretzki | www.verlagruhr.de

Wie Tiere sprechen

In jeder Zeile ist ein Wort zu viel. Streiche es durch.

Der Hund Besen bellt laut,

die Torte Katze miaut,

der Bär König brummt,

die Biene hustet summt.

So fahren sprechen die Tiere,

bis jetzt morgen sind es viere.

© Verlag an der Ruhr | Autorin: Monika Plöckinger | Abb.: Anja Boretzki | www.verlagruhr.de

Fische

Viele Fische, bunt und stumm,
schwimmen in dem Glas herum.

Sie schillern rot, grün und grau,
gelb, schwarz und blau.

Sie kennen keine Hast
und tun, was ihnen passt.

© Verlag an der Ruhr | Autorin: Monika Flöckinger | Abb.: Anja Boretzki | www.verlagruhr.de

Fische

Male die Silbenbögen.

Viele Fische, bunt und stumm,

schwimmen in dem Glas herum.

Sie schillern rot, grün und grau,

gelb, schwarz und blau.

Sie kennen keine Hast

und tun, was ihnen passt.

© Verlag an der Ruhr | Autorin: Monika Flöckinger | Abb.: Anja Boretzki | www.verlagruhr.de

Fische

Verbinde die Reimwörter.

Hast •	• herum
stumm •	• blau
grau •	• passt

© Verlag an der Ruhr | Autorin: Monika Plockinger | Abb.: Anja Boretzki | www.verlagruhr.de

Fische

Verbinde die Satzteile.

Viele Fische, •	• grün und grau,
schwimmen •	• Hast
Sie schillern rot, •	• und blau.
gelb, schwarz •	• bunt und stumm,
Sie kennen keine •	• was ihnen passt.
und tun, •	• in dem Glas herum.

© Verlag an der Ruhr | Autorin: Monika Plockinger | Abb.: Anja Boretzki | www.verlagruhr.de

Fische

Schreibe die passenden Wörter in die Lücken.

Viele Fische, ………………………… und stumm,

schwimmen in dem ………………………… herum.

Sie schillern rot, ………………………… und grau,

gelb, ………………………… und blau.

Sie kennen ………………………… Hast

und ………………………… , was ihnen passt.

grün
bunt
keine
Glas
schwarz
tun

© Verlag an der Ruhr | Autorin: Monika Plockinger | Abb.: Anja Boretzki | www.verlagruhr.de

Fische

Schreibe die passenden Wörter in die Lücken.

Viele Fische, _ _ _ _ und stumm,

schwimmen in dem _ _ _ _ herum.

Sie schillern rot, _ _ _ _ und grau,

gelb, _ _ _ _ _ _ _ und blau.

Sie kennen _ _ _ _ _ Hast

und _ _ _ , was ihnen passt.

© Verlag an der Ruhr | Autorin: Monika Plockinger | Abb.: Anja Boretzki | www.verlagruhr.de

Fische

Nummeriere in der richtigen Reihenfolge.

- [ ] gelb, schwarz und blau.
- [ ] und tun, was ihnen passt.
- [ ] Viele Fische, bunt und stumm,
- [ ] Sie kennen keine Hast
- [ ] schwimmen in dem Glas herum.
- [ ] Sie schillern rot, grün und grau,

© Verlag an der Ruhr | Autorin: Monika Plockinger | Abb.: Anja Boretzki | www.verlagruhr.de

Fische

In jeder Zeile ist ein Wort zu viel. Streiche es durch.

Viele Fische, bunt eckig und stumm,

schwimmen in dem Karton Glas herum.

Sie schillern rot, grün ohne und blau,

gelb, lustig schwarz und blau.

Sie kennen müssen keine Hast

und tun singen, was ihnen passt.

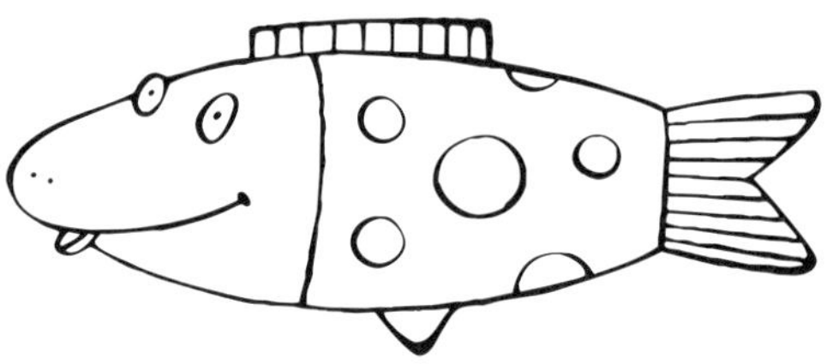

© Verlag an der Ruhr | Autorin: Monika Plockinger | Abb.: Anja Boretzki | www.verlagruhr.de

Katze und Maus

In diesem Haus
wohnt eine Maus.

Die Katze wohnt nebenan,
wo sie die Maus sehen kann.

Wir wollen fragen,
werden die beiden sich vertragen?

© Verlag an der Ruhr | Autorin: Monika Plockinger | Abb.: Anja Boretzki | www.verlagruhr.de

Katze und Maus

Male die Silbenbögen.

In diesem Haus

wohnt eine Maus.

Die Katze wohnt nebenan,

wo sie die Maus sehen kann.

Wir wollen fragen,

werden die beiden sich vertragen?

© Verlag an der Ruhr | Autorin: Monika Plockinger | Abb.: Anja Boretzki | www.verlagruhr.de

Katze und Maus

Verbinde die Reimwörter.

Haus •	• kann
fragen •	• Maus
nebenan •	• vertragen

© Verlag an der Ruhr | Autorin: Monika Plöckinger | Abb.: Anja Boretzki | www.verlagruhr.de

Katze und Maus

Verbinde die Satzteile.

In diesem •	• fragen,
wohnt •	• wohnt nebenan,
Die Katze •	• sich vertragen?
wo sie die Maus •	• Haus
Wir wollen •	• eine Maus.
werden die beiden •	• sehen kann.

© Verlag an der Ruhr | Autorin: Monika Plöckinger | Abb.: Anja Boretzki | www.verlagruhr.de

Katze und Maus

Schreibe die passenden Wörter in die Lücken.

In .... Haus

.... eine Maus.

Die .... wohnt nebenan,

.... sie die Maus sehen kann.

Wir .... fragen,

werden die .... sich vertragen?

wollen
beiden
wohnt
diesem
wo
Katze

© Verlag an der Ruhr | Autorin: Monika Plöckinger | Abb.: Anja Boretzki | www.verlagruhr.de

Katze und Maus

Schreibe die passenden Wörter in die Lücken.

In _ _ _ _ _ _ Haus

_ _ _ _ _ eine Maus.

Die _ _ _ _ _ wohnt nebenan,

_ _ sie die Maus sehen kann.

Wir _ _ _ _ _ _ fragen,

werden die _ _ _ _ _ _ sich vertragen?

© Verlag an der Ruhr | Autorin: Monika Plöckinger | Abb.: Anja Boretzki | www.verlagruhr.de

Katze und Maus

Nummeriere in der richtigen Reihenfolge.

- [ ] Die Katze wohnt nebenan,
- [ ] Wir wollen fragen,
- [ ] In diesem Haus
- [ ] werden die beiden sich vertragen?
- [ ] wohnt eine Maus.
- [ ] wo sie die Maus sehen kann.

© Verlag an der Ruhr | Autorin: Monika Plöckinger | Abb.: Anja Boretzki | www.verlagruhr.de

Katze und Maus

In jeder Zeile ist ein Wort zu viel. Streiche es durch.

In diesem Teller Haus

wohnt putzt eine Maus.

Die Katze Blume wohnt nebenan,

wo sie die Maus sehen klatschen kann.

Wir wollen fragen riechen,

werden die beiden laufen sich vertragen?

© Verlag an der Ruhr | Autorin: Monika Plöckinger | Abb.: Anja Boretzki | www.verlagruhr.de

Der Frosch

Ein Frosch sitzt im Moos,
dann springt er los

hinein in den Teich,
hier ist sein Reich.

Das Wasser ist fein,
so muss es sein.

© Verlag an der Ruhr | Autorin: Monika Plöckinger | Abb.: Anja Boretzki | www.verlagruhr.de

Der Frosch

Male die Silbenbögen.

Ein Frosch sitzt im Moos,

dann springt er los

hinein in den Teich,

hier ist sein Reich.

Das Wasser ist fein,

so muss es sein.

© Verlag an der Ruhr | Autorin: Monika Plöckinger | Abb.: Anja Boretzki | www.verlagruhr.de

Der Frosch

Verbinde die Reimwörter.

fein •	• los
Teich •	• sein
Moos •	• Reich

© Verlag an der Ruhr | Autorin: Monika Plockinger | Abb.: Anja Boretzki | www.verlagruhr.de

Der Frosch

Verbinde die Satzteile.

Ein Frosch •	• den Teich,
dann springt •	• sitzt im Moos,
hinein in •	• es sein.
hier ist •	• ist fein,
Das Wasser •	• sein Reich.
so muss •	• er los

© Verlag an der Ruhr | Autorin: Monika Plockinger | Abb.: Anja Boretzki | www.verlagruhr.de

Der Frosch

Schreibe die passenden Wörter in die Lücken.

Ein Frosch sitzt .... Moos,

.... springt er los

.... in den Teich,

.... ist sein Reich.

Das .... ist fein,

so muss .... sein.

hier
dann
Wasser
im
hinein
es

© Verlag an der Ruhr | Autorin: Monika Plöckinger | Abb.: Anja Boretzki | www.verlagruhr.de

Der Frosch

Schreibe die passenden Wörter in die Lücken.

Ein Frosch sitzt __ __ Moos,

__ __ __ __ springt er los

__ __ __ __ __ __ in den Teich,

__ __ __ __ ist sein Reich.

Das __ __ __ __ __ __ ist fein,

so muss __ __ sein.

© Verlag an der Ruhr | Autorin: Monika Plöckinger | Abb.: Anja Boretzki | www.verlagruhr.de

Der Frosch

Nummeriere in der richtigen Reihenfolge.

☐ dann springt er los

☐ hier ist sein Reich.

☐ so muss es sein.

☐ Das Wasser ist fein,

☐ Ein Frosch sitzt im Moos,

☐ hinein in den Teich,

© Verlag an der Ruhr | Autorin: Monika Plockinger | Abb.: Anja Boretzki | www.verlagruhr.de

Der Frosch

In jeder Zeile ist ein Wort zu viel. Streiche es durch.

Ein Frosch rechnet sitzt im Moos,

dann springt fährt er los

hinein in den Apfel Teich,

hier ist sein Socken Reich.

Das Wasser Messer ist fein,

so muss malt es sein.

© Verlag an der Ruhr | Autorin: Monika Plockinger | Abb.: Anja Boretzki | www.verlagruhr.de

Die kleine Raupe

Eine Raupe so klein
sitzt im Wald allein

auf einem Blatt
und frisst sich satt.

Dann kriecht sie weiter,
fröhlich und heiter.

© Verlag an der Ruhr | Autorin: Monika Plöckinger | Abb.: Anja Boretzki | www.verlagruhr.de

Die kleine Raupe

Male die Silbenbögen.

Eine Raupe so klein

sitzt im Wald allein

auf einem Blatt

und frisst sich satt.

Dann kriecht sie weiter,

fröhlich und heiter.

© Verlag an der Ruhr | Autorin: Monika Plöckinger | Abb.: Anja Boretzki | www.verlagruhr.de

Die kleine Raupe

Verbinde die Reimwörter.

Blatt •	• allein
klein •	• heiter
weiter •	• satt

© Verlag an der Ruhr | Autorin: Monika Plöckinger | Abb.: Anja Boretzki | www.verlagruhr.de

Die kleine Raupe

Verbinde die Satzteile.

Eine Raupe •	• sich satt.
sitzt im •	• so klein
auf •	• und heiter.
und frisst •	• einem Blatt
Dann kriecht •	• Wald allein
fröhlich •	• sie weiter,

© Verlag an der Ruhr | Autorin: Monika Plöckinger | Abb.: Anja Boretzki | www.verlagruhr.de

Die kleine Raupe

Schreibe die passenden Wörter in die Lücken.

Eine ………………………… so klein

sitzt im ………………………… allein

………………………… einem Blatt

und ………………………… sich satt.

Dann ………………………… sie weiter,

………………………… und heiter.

kriecht

Raupe

auf

fröhlich

Wald

frisst

© Verlag an der Ruhr | Autorin: Monika Plöckinger | Abb.: Anja Boretzki | www.verlagruhr.de

Die kleine Raupe

Schreibe die passenden Wörter in die Lücken.

Eine _ _ _ _ _ so klein

sitzt im _ _ _ _ allein

_ _ _ einem Blatt

und _ _ _ _ _ _ sich satt.

Dann _ _ _ _ _ _ _ sie weiter,

_ _ _ _ _ _ _ _ _ und heiter.

© Verlag an der Ruhr | Autorin: Monika Plöckinger | Abb.: Anja Boretzki | www.verlagruhr.de

Die kleine Raupe

Nummeriere in der richtigen Reihenfolge.

☐ auf einem Blatt

☐ Dann kriecht sie weiter,

☐ Eine Raupe so klein

☐ fröhlich und heiter.

☐ und frisst sich satt.

☐ sitzt im Wald allein

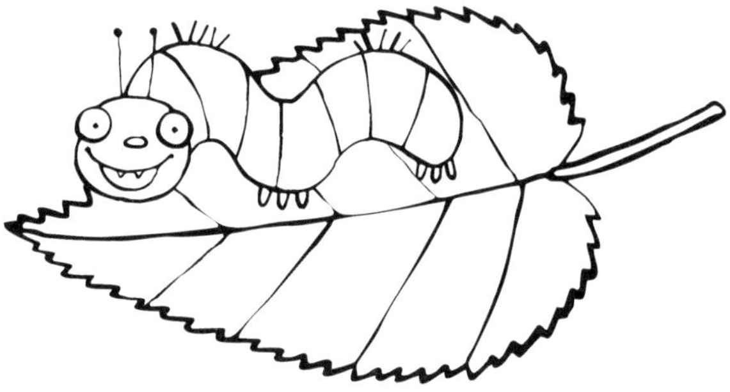

© Verlag an der Ruhr | Autorin: Monika Plöckinger | Abb.: Anja Boretzki | www.verlagruhr.de

Die kleine Raupe

In jeder Zeile ist ein Wort zu viel. Streiche es durch.

Eine Raupe Gabel so klein

sitzt im Wald Ofen allein

auf einem Turm Blatt

und wäscht frisst sich satt.

Dann spielt kriecht sie weiter,

fröhlich neu und heiter.

© Verlag an der Ruhr | Autorin: Monika Plöckinger | Abb.: Anja Boretzki | www.verlagruhr.de

Der Pinguin

Der Pinguin, der Pinguin!
Wo geht er denn so eilig hin?

Er will sich nicht die Zeit vertreiben,
muss immer in Bewegung bleiben.

Er macht deshalb nur selten halt,
am Südpol ist es nämlich kalt.

© Verlag an der Ruhr | Autorin: Monika Plöckinger | Abb.: Anja Boretzki | www.verlagruhr.de

Der Pinguin

Male die Silbenbögen.

Der Pinguin, der Pinguin!

Wo geht er denn so eilig hin?

Er will sich nicht die Zeit vertreiben,

muss immer in Bewegung bleiben.

Er macht deshalb nur selten halt,

am Südpol ist es nämlich kalt.

© Verlag an der Ruhr | Autorin: Monika Plöckinger | Abb.: Anja Boretzki | www.verlagruhr.de

Der Pinguin

Verbinde die Reimwörter.

bleiben •	• kalt
Pinguin •	• vertreiben
halt •	• hin

© Verlag an der Ruhr | Autorin: Monika Plockinger | Abb.: Anja Boretzki | www.verlagruhr.de

Der Pinguin

Verbinde die Satzteile.

Der Pinguin, •	• die Zeit vertreiben,
Wo geht er denn •	• der Pinguin!
Er will sich nicht •	• nämlich kalt.
muss immer •	• so eilig hin?
Er macht deshalb •	• in Bewegung bleiben.
am Südpol ist es •	• nur selten halt,

© Verlag an der Ruhr | Autorin: Monika Plockinger | Abb.: Anja Boretzki | www.verlagruhr.de

Der Pinguin

Schreibe die passenden Wörter in die Lücken.

Der Pinguin, der .... !

Wo geht er denn so .... hin?

Er .... sich nicht die Zeit vertreiben,

muss .... in Bewegung bleiben.

Er macht deshalb nur .... halt,

am .... ist es nämlich kalt.

Südpol
eilig
will
immer
Pinguin
selten

© Verlag an der Ruhr | Autorin: Monika Plöckinger | Abb.: Anja Boretzki | www.verlagruhr.de

Der Pinguin

Schreibe die passenden Wörter in die Lücken.

Der Pinguin, der — — — — — — — !

Wo geht er denn so — — — — — hin?

Er — — — — sich nicht die Zeit vertreiben,

muss — — — — — in Bewegung bleiben.

Er macht deshalb nur — — — — — — halt,

am — — — — — — ist es nämlich kalt.

© Verlag an der Ruhr | Autorin: Monika Plöckinger | Abb.: Anja Boretzki | www.verlagruhr.de

Der Pinguin

Nummeriere in der richtigen Reihenfolge.

☐ Er will sich nicht die Zeit vertreiben,

☐ am Südpol ist es nämlich kalt.

☐ Der Pinguin, der Pinguin!

☐ muss immer in Bewegung bleiben.

☐ Wo geht er denn so eilig hin?

☐ Er macht deshalb nur selten halt,

© Verlag an der Ruhr | Autorin: Monika Plockinger | Abb.: Anja Boretzki | www.verlagruhr.de

Der Pinguin

In jeder Zeile ist ein Wort zu viel. Streiche es durch.

Der Pinguin, der Käse Pinguin!

Wo geht rollt er denn so eilig hin?

Er will sich nicht die Zeit Suppe vertreiben,

muss immer in Küche Bewegung bleiben.

Er trinkt macht deshalb nur selten halt,

am Tisch Südpol ist es nämlich kalt.

© Verlag an der Ruhr | Autorin: Monika Plockinger | Abb.: Anja Boretzki | www.verlagruhr.de

Elefanten

Der kleine Elefant ist froh.
Er freut sich schon so

auf seine Tanten.
Das sind die Verwandten

aus dem Zoo.

© Verlag an der Ruhr | Autorin: Monika Plöckinger | Abb.: Anja Boretzki | www.verlagruhr.de

Elefanten

Male die Silbenbögen.

Der kleine Elefant ist froh.

Er freut sich schon so

auf seine Tanten.

Das sind die Verwandten

aus dem Zoo.

© Verlag an der Ruhr | Autorin: Monika Plöckinger | Abb.: Anja Boretzki | www.verlagruhr.de

Elefanten

Verbinde die Reimwörter.

Tanten •	• so
froh •	• Zoo
	• Verwandten

© Verlag an der Ruhr | Autorin: Monika Plockinger | Abb.: Anja Boretzki | www.verlagruhr.de

Elefanten

Verbinde die Satzteile.

Der kleine Elefant •	• schon so
Er freut sich •	• Tanten.
auf seine •	• ist froh.
Das sind •	• Zoo.
aus dem •	• die Verwandten

© Verlag an der Ruhr | Autorin: Monika Plockinger | Abb.: Anja Boretzki | www.verlagruhr.de

Elefanten

Schreibe die passenden Wörter in die Lücken.

Der kleine ………………………… ist froh.

Er ………………………… sich schon so

auf ………………………… Tanten.

Das ………………………… die Verwandten

aus ………………………… Zoo.

Elefant

seine

dem

freut

sind

© Verlag an der Ruhr | Autorin: Monika Plöckinger | Abb.: Anja Boretzki | www.verlagruhr.de

Elefanten

Schreibe die passenden Wörter in die Lücken.

Der kleine _ _ _ _ _ _ _ ist froh.

Er _ _ _ _ _ sich schon so

auf _ _ _ _ _ Tanten.

Das _ _ _ _ die Verwandten

aus _ _ _ Zoo.

© Verlag an der Ruhr | Autorin: Monika Plöckinger | Abb.: Anja Boretzki | www.verlagruhr.de

Elefanten

Nummeriere in der richtigen Reihenfolge.

- [ ] Er freut sich schon so
- [ ] Das sind die Verwandten
- [ ] aus dem Zoo.
- [ ] auf seine Tanten.
- [ ] Der kleine Elefant ist froh.

© Verlag an der Ruhr | Autorin: Monika Plöckinger | Abb.: Anja Boretzki | www.verlagruhr.de

Elefanten

In jeder Zeile ist ein Wort zu viel. Streiche es durch.

Der kleine Elefant ist oben froh.

Er freut dreht sich schon so

auf seine Hose Tanten.

Das sind die Bücher Verwandten

aus dem Kino Zoo.

© Verlag an der Ruhr | Autorin: Monika Plöckinger | Abb.: Anja Boretzki | www.verlagruhr.de

Der Bücherwurm

Fridolin, der Bücherwurm,
wohnt in einem Bücherturm.

Liest die Seiten genau,
das macht schlau.

Bücherlesen ihm gefällt,
es ist das Schönste auf der Welt.

© Verlag an der Ruhr | Autorin: Monika Plöckinger | Abb.: Anja Boretzki | www.verlagruhr.de

Der Bücherwurm

Male die Silbenbögen.

Fridolin, der Bücherwurm,

wohnt in einem Bücherturm.

Liest die Seiten genau,

das macht schlau.

Bücherlesen ihm gefällt,

es ist das Schönste auf der Welt.

© Verlag an der Ruhr | Autorin: Monika Plöckinger | Abb.: Anja Boretzki | www.verlagruhr.de

Der Bücherwurm

Verbinde die Reimwörter.

genau •	• Welt
gefällt •	• Bücherturm
Bücherwurm •	• schlau

© Verlag an der Ruhr | Autorin: Monika Plöckinger | Abb.: Anja Boretzki | www.verlagruhr.de

Der Bücherwurm

Verbinde die Satzteile.

Fridolin, •	• Schönste auf der Welt.
wohnt in einem •	• der Bücherwurm,
Liest die Seiten •	• schlau.
das macht •	• ihm gefällt,
Bücherlesen •	• Bücherturm.
es ist das •	• genau,

© Verlag an der Ruhr | Autorin: Monika Plöckinger | Abb.: Anja Boretzki | www.verlagruhr.de

Der Bücherwurm

Schreibe die passenden Wörter in die Lücken.

Fridolin, ... Bücherwurm,

wohnt in .... Bücherturm.

Liest die .... genau,

das .... schlau.

.... ihm gefällt,

es ist das Schönste auf der ....

macht
Welt
der
Bücherlesen
einem
Seiten

© Verlag an der Ruhr | Autorin: Monika Plöckinger | Abb.: Anja Boretzki | www.verlagruhr.de

Der Bücherwurm

Schreibe die passenden Wörter in die Lücken.

Fridolin, ___ ___ ___ Bücherwurm,

wohnt in ___ ___ ___ ___ ___ Bücherturm.

Liest die ___ ___ ___ ___ ___ ___ genau,

das ___ ___ ___ ___ ___ schlau.

___ ___ ___ ___ ___ ___ ___ ___ ___ ___ ___ ihm gefällt,

es ist das Schönste auf der ___ ___ ___ ___ .

© Verlag an der Ruhr | Autorin: Monika Plöckinger | Abb.: Anja Boretzki | www.verlagruhr.de

Der Bücherwurm

Nummeriere in der richtigen Reihenfolge.

☐ Bücherlesen ihm gefällt,

☐ wohnt in einem Bücherturm.

☐ das macht schlau.

☐ Fridolin, der Bücherwurm,

☐ Liest die Seiten genau,

☐ es ist das Schönste auf der Welt.

© Verlag an der Ruhr | Autorin: Monika Plöckinger | Abb.: Anja Boretzki | www.verlagruhr.de

Der Bücherwurm

In jeder Zeile ist ein Wort zu viel. Streiche es durch.

Fridolin, der eckige Bücherwurm,

wohnt in einem Salat Bücherturm.

Liest schreibt die Seiten genau,

das macht tanzt schlau.

Bücherlesen ihm gebaut gefällt,

es ist das Schönste auf der Bank Welt.

© Verlag an der Ruhr | Autorin: Monika Plöckinger | Abb.: Anja Boretzki | www.verlagruhr.de

Richtig zählen

Eins, zwei, drei, vier,
die Zahlen kennen wir.

Fünf, sechs, sieben, acht,
das haben wir auch gedacht.

Neun, zehn, die Reihe ist voll,
super, das ist toll.

© Verlag an der Ruhr | Autorin: Monika Plockinger | Abb.: Anja Boretzki | www.verlagruhr.de

Richtig zählen

Male die Silbenbögen.

Eins, zwei, drei, vier,

die Zahlen kennen wir.

Fünf, sechs, sieben, acht,

das haben wir auch gedacht.

Neun, zehn, die Reihe ist voll,

super, das ist toll.

© Verlag an der Ruhr | Autorin: Monika Plockinger | Abb.: Anja Boretzki | www.verlagruhr.de

Richtig zählen

Verbinde die Reimwörter.

voll •	• wir
vier •	• gedacht
acht •	• toll

© Verlag an der Ruhr | Autorin: Monika Plöckinger | Abb.: Anja Boretzki | www.verlagruhr.de

Richtig zählen

Verbinde die Satzteile.

Eins, zwei, •	• sieben, acht,
die Zahlen •	• das ist toll.
Fünf, sechs, •	• wir auch gedacht.
das haben •	• drei, vier,
Neun, zehn, •	• die Reihe ist voll,
super, •	• kennen wir.

© Verlag an der Ruhr | Autorin: Monika Plöckinger | Abb.: Anja Boretzki | www.verlagruhr.de

Richtig zählen

Schreibe die passenden Wörter in die Lücken.

Eins, ... , drei, vier,

die Zahlen .... wir.

Fünf, sechs, ... , acht,

das .... wir auch gedacht.

Neun, zehn, die .... ist voll,

.... , das ist toll.

sieben

zwei

super

kennen

haben

Reihe

© Verlag an der Ruhr | Autorin: Monika Plockinger | Abb.: Anja Boretzki | www.verlagruhr.de

Richtig zählen

Schreibe die passenden Wörter in die Lücken.

Eins, _ _ _ _ , drei, vier,

die Zahlen _ _ _ _ _ _ wir.

Fünf, sechs, _ _ _ _ _ _ , acht,

das _ _ _ _ _ wir auch gedacht.

Neun, zehn, die _ _ _ _ _ ist voll,

_ _ _ _ _ , das ist toll.

© Verlag an der Ruhr | Autorin: Monika Plockinger | Abb.: Anja Boretzki | www.verlagruhr.de

Richtig zählen

Nummeriere in der richtigen Reihenfolge.

☐ die Zahlen kennen wir.

☐ das haben wir auch gedacht.

☐ super, das ist toll.

☐ Fünf, sechs, sieben, acht,

☐ Neun, zehn, die Reihe ist voll,

☐ Eins, zwei, drei, vier,

© Verlag an der Ruhr | Autorin: Monika Plöckinger | Abb.: Anja Boretzki | www.verlagruhr.de

Richtig zählen

In jeder Zeile ist ein Wort zu viel. Streiche es durch.

Eins, zwei, elf, drei, vier,

die Zahlen Lampen kennen wir.

Fünf, sechs, sieben, zwölf, acht,

das haben wir auch gesucht gedacht.

Neun, zehn, die Reihe Wanne ist voll,

super, das ist sauer toll.

© Verlag an der Ruhr | Autorin: Monika Plöckinger | Abb.: Anja Boretzki | www.verlagruhr.de

Beim Bäcker

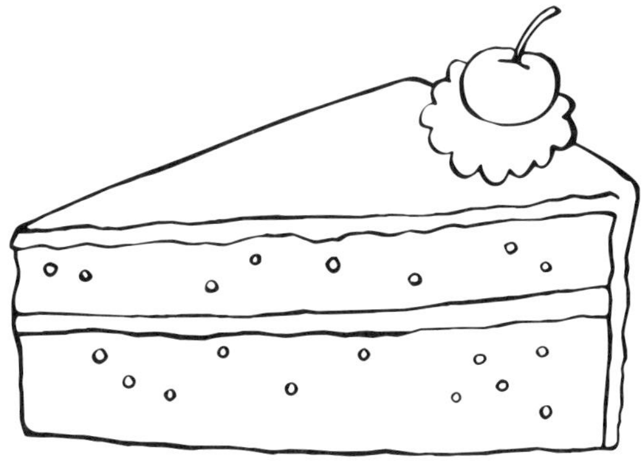

Im Laden verkauft der Bäcker
einen Kuchen, der ist lecker.

Wir teilen ihn auf
und was geschieht darauf?

Wir essen Stück für Stück.
Schmeckt prima! So ein Glück!

© Verlag an der Ruhr | Autorin: Monika Plockinger | Abb.: Anja Boretzki | www.verlagruhr.de

Beim Bäcker

Male die Silbenbögen.

Im Laden verkauft der Bäcker

einen Kuchen, der ist lecker.

Wir teilen ihn auf

und was geschieht darauf?

Wir essen Stück für Stück.

Schmeckt prima! So ein Glück!

© Verlag an der Ruhr | Autorin: Monika Plockinger | Abb.: Anja Boretzki | www.verlagruhr.de

Beim Bäcker

Verbinde die Reimwörter.

Bäcker •	• darauf
auf •	• Glück
Stück •	• lecker

© Verlag an der Ruhr | Autorin: Monika Plöckinger | Abb.: Anja Boretzki | www.verlagruhr.de

Beim Bäcker

Verbinde die Satzteile.

Im Laden •	• der ist lecker.
einen Kuchen, •	• verkauft der Bäcker
Wir teilen •	• geschieht darauf?
und was •	• So ein Glück!
Wir essen •	• ihn auf
Schmeckt prima! •	• Stück für Stück.

© Verlag an der Ruhr | Autorin: Monika Plöckinger | Abb.: Anja Boretzki | www.verlagruhr.de

Beim Bäcker

Schreibe die passenden Wörter in die Lücken.

Im .... verkauft der Bäcker

einen .... , der ist lecker.

Wir .... ihn auf

und was .... darauf?

Wir essen Stück .... Stück.

Schmeckt prima! So .... Glück!

teilen
Laden
geschieht
für
Kuchen
ein

© Verlag an der Ruhr | Autorin: Monika Plockinger | Abb.: Anja Boretzki | www.verlagruhr.de

Beim Bäcker

Schreibe die passenden Wörter in die Lücken.

Im _ _ _ _ _ verkauft der Bäcker

einen _ _ _ _ _ _ , der ist lecker.

Wir _ _ _ _ _ _ ihn auf

und was _ _ _ _ _ _ _ _ _ darauf?

Wir essen Stück _ _ _ Stück.

Schmeckt prima! So _ _ _ Glück!

© Verlag an der Ruhr | Autorin: Monika Plockinger | Abb.: Anja Boretzki | www.verlagruhr.de

Beim Bäcker

Nummeriere in der richtigen Reihenfolge.

- ☐ Wir teilen ihn auf
- ☐ Im Laden verkauft der Bäcker
- ☐ Schmeckt prima! So ein Glück!
- ☐ und was geschieht darauf?
- ☐ einen Kuchen, der ist lecker.
- ☐ Wir essen Stück für Stück.

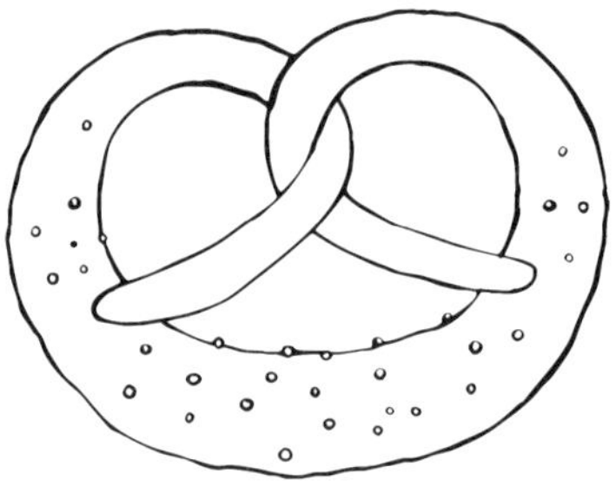

© Verlag an der Ruhr | Autorin: Monika Plöckinger | Abb.: Anja Boretzki | www.verlagruhr.de

Beim Bäcker

In jeder Zeile ist ein Wort zu viel. Streiche es durch.

Im Laden Garten verkauft der Bäcker

einen Löwen Kuchen, der ist lecker.

Wir teilen lernen ihn auf

und was gehört geschieht darauf?

Wir essen Zahl Stück für Stück.

Schmeckt prima! So ein Mehl Glück!

© Verlag an der Ruhr | Autorin: Monika Plöckinger | Abb.: Anja Boretzki | www.verlagruhr.de

Bilder malen

Ich male sehr gerne
die Sonne, den Mond und die Sterne.

Auch ein Schiff auf dem See
oder Kinder im Schnee.

Die Bilder gefallen mir,
komm, ich zeige sie dir.

© Verlag an der Ruhr | Autorin: Monika Plockinger | Abb.: Anja Boretzki | www.verlagruhr.de

Bilder malen

Male die Silbenbögen.

Ich male sehr gerne

die Sonne, den Mond und die Sterne.

Auch ein Schiff auf dem See

oder Kinder im Schnee.

Die Bilder gefallen mir,

komm, ich zeige sie dir.

© Verlag an der Ruhr | Autorin: Monika Plockinger | Abb.: Anja Boretzki | www.verlagruhr.de

Bilder malen

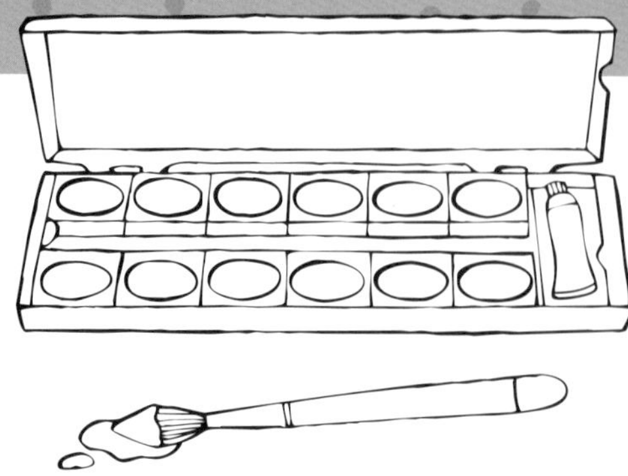

Verbinde die Reimwörter.

See •	• Sterne
mir •	• Schnee
gerne •	• dir

© Verlag an der Ruhr | Autorin: Monika Plockinger | Abb.: Anja Boretzki | www.verlagruhr.de

Bilder malen

Verbinde die Satzteile.

Ich male •	• zeige sie dir.
die Sonne, •	• auf dem See
Auch ein Schiff •	• gefallen mir,
oder Kinder •	• sehr gerne
Die Bilder •	• im Schnee.
komm, ich •	• den Mond und die Sterne.

© Verlag an der Ruhr | Autorin: Monika Plockinger | Abb.: Anja Boretzki | www.verlagruhr.de

Bilder malen

Schreibe die passenden Wörter in die Lücken.

Ich .... sehr gerne

die Sonne, den .... und die Sterne.

Auch ein .... auf dem See

.... Kinder im Schnee.

Die Bilder .... mir,

komm, ich .... sie dir.

gefallen
Mond
zeige
Schiff
male
oder

© Verlag an der Ruhr | Autorin: Monika Plöckinger | Abb.: Anja Boretzki | www.verlagruhr.de

Bilder malen

Schreibe die passenden Wörter in die Lücken.

Ich _ _ _ _ sehr gerne

die Sonne, den _ _ _ _ und die Sterne.

Auch ein _ _ _ _ _ _ auf dem See

_ _ _ _ Kinder im Schnee.

Die Bilder _ _ _ _ _ _ _ _ mir,

komm, ich _ _ _ _ _ sie dir.

© Verlag an der Ruhr | Autorin: Monika Plöckinger | Abb.: Anja Boretzki | www.verlagruhr.de

Bilder malen

Nummeriere in der richtigen Reihenfolge.

☐ komm, ich zeige sie dir.

☐ oder Kinder im Schnee.

☐ die Sonne, den Mond und die Sterne.

☐ Die Bilder gefallen mir,

☐ Ich male sehr gerne

☐ Auch ein Schiff auf dem See

© Verlag an der Ruhr | Autorin: Monika Plöckinger | Abb.: Anja Boretzki | www.verlagruhr.de

Bilder malen

In jeder Zeile ist ein Wort zu viel. Streiche es durch.

Ich male kaufe sehr gerne

die Sonne, den Mond und die Milch Sterne.

Auch ein Schiff Auto auf dem See

oder Elefanten Kinder im Schnee.

Die Bilder Bäume gefallen mir,

komm, ich gebe zeige sie dir.

© Verlag an der Ruhr | Autorin: Monika Plöckinger | Abb.: Anja Boretzki | www.verlagruhr.de

Sport ist gesund

Rennen, klettern, springen,
an den Seilen schwingen.

Über den Boden rollen,
beim Spielen toben und tollen.

Ich mache alles mit,
Sport hält mich fit.

© Verlag an der Ruhr | Autorin: Monika Plöckinger | Abb.: Anja Boretzki | www.verlagruhr.de

Sport ist gesund

Male die Silbenbögen.

Rennen, klettern, springen,

an den Seilen schwingen.

Über den Boden rollen,

beim Spielen toben und tollen.

Ich mache alles mit,

Sport hält mich fit.

© Verlag an der Ruhr | Autorin: Monika Plöckinger | Abb.: Anja Boretzki | www.verlagruhr.de

Sport ist gesund

Verbinde die Reimwörter.

rollen •	• fit
springen •	• tollen
mit •	• schwingen

© Verlag an der Ruhr | Autorin: Monika Plockinger | Abb.: Anja Boretzki | www.verlagruhr.de

Sport ist gesund

Verbinde die Satzteile.

Rennen, •	• schwingen.
an den Seilen •	• toben und tollen.
Über den Boden •	• alles mit,
beim Spielen •	• klettern, springen,
Ich mache •	• mich fit.
Sport hält •	• rollen,

© Verlag an der Ruhr | Autorin: Monika Plockinger | Abb.: Anja Boretzki | www.verlagruhr.de

Sport ist gesund

Schreibe die passenden Wörter in die Lücken.

Rennen, ... , springen,

an den .... schwingen.

Über den .... rollen,

.... Spielen toben und tollen.

Ich .... alles mit,

Sport hält .... fit.

Seilen

beim

klettern

mich

Boden

mache

© Verlag an der Ruhr | Autorin: Monika Plöckinger | Abb.: Anja Boretzki | www.verlagruhr.de

Sport ist gesund

Schreibe die passenden Wörter in die Lücken.

Rennen, _ _ _ _ _ _ _ _ , springen

an den _ _ _ _ _ _ schwingen.

Über den _ _ _ _ _ rollen,

_ _ _ _ Spielen toben und tollen.

Ich _ _ _ _ _ alles mit,

Sport hält _ _ _ _ fit.

© Verlag an der Ruhr | Autorin: Monika Plöckinger | Abb.: Anja Boretzki | www.verlagruhr.de

Sport ist gesund

Nummeriere in der richtigen Reihenfolge.

- ☐ Ich mache alles mit,
- ☐ Rennen, klettern, springen,
- ☐ Über den Boden rollen,
- ☐ Sport hält mich fit.
- ☐ beim Spielen toben und tollen.
- ☐ an den Seilen schwingen.

© Verlag an der Ruhr | Autorin: Monika Plöckinger | Abb.: Anja Boretzki | www.verlagruhr.de

Sport ist gesund

In jeder Zeile ist ein Wort zu viel. Streiche es durch.

Rennen, trinken, klettern, springen,

an den Seilen Tischen schwingen.

Über den Boden backen rollen,

beim Spielen toben und blühen tollen.

Ich mache alles unten mit,

Sport Fernsehen hält mich fit.

© Verlag an der Ruhr | Autorin: Monika Plöckinger | Abb.: Anja Boretzki | www.verlagruhr.de

Die Fee

Hokuspokus und Rosine!
Hier kommt die Fee Hermine.

Zaubert schnell, das macht sie gut,
einen Schirm aus ihrem Hut.

Mit dem Schirm in der Hand
fliegt sie über das Land.

© Verlag an der Ruhr | Autorin: Monika Plöckinger | Abb.: Anja Boretzki | www.verlagruhr.de

Die Fee

Male die Silbenbögen.

Hokuspokus und Rosine!

Hier kommt die Fee Hermine.

Zaubert schnell, das macht sie gut,

einen Schirm aus ihrem Hut.

Mit dem Schirm in der Hand

fliegt sie über das Land.

© Verlag an der Ruhr | Autorin: Monika Plöckinger | Abb.: Anja Boretzki | www.verlagruhr.de

Die Fee

Verbinde die Reimwörter.

gut •	• Hermine
Rosine •	• Land
Hand •	• Hut

© Verlag an der Ruhr | Autorin: Monika Plockinger | Abb.: Anja Boretzki | www.verlagruhr.de

Die Fee

Verbinde die Satzteile.

Hokuspokus •	• in der Hand
Hier kommt •	• das macht sie gut,
Zaubert schnell, •	• und Rosine!
einen Schirm •	• über das Land.
Mit dem Schirm •	• die Fee Hermine.
fliegt sie •	• aus ihrem Hut.

© Verlag an der Ruhr | Autorin: Monika Plockinger | Abb.: Anja Boretzki | www.verlagruhr.de

Die Fee

Schreibe die passenden Wörter in die Lücken.

Hokuspokus .... Rosine!

Hier kommt die .... Hermine.

Zaubert .... , das macht sie gut,

einen Schirm aus .... Hut.

Mit dem .... in der Hand

fliegt sie .... das Land.

und
ihrem
über
Schirm
Fee
schnell

© Verlag an der Ruhr | Autorin: Monika Plockinger | Abb.: Anja Boretzki | www.verlagruhr.de

Die Fee

Schreibe die passenden Wörter in die Lücken.

Hokuspokus _ _ _ Rosine!

Hier kommt die _ _ _ Hermine.

Zaubert _ _ _ _ _ _ _ , das macht sie gut,

einen Schirm aus _ _ _ _ _ Hut.

Mit dem _ _ _ _ _ _ in der Hand

fliegt sie _ _ _ _ das Land.

© Verlag an der Ruhr | Autorin: Monika Plockinger | Abb.: Anja Boretzki | www.verlagruhr.de

Die Fee

Nummeriere in der richtigen Reihenfolge.

- ☐ Hier kommt die Fee Hermine.
- ☐ einen Schirm aus ihrem Hut.
- ☐ Hokuspokus und Rosine!
- ☐ Mit dem Schirm in der Hand
- ☐ Zaubert schnell, das macht sie gut,
- ☐ fliegt sie über das Land.

© Verlag an der Ruhr | Autorin: Monika Plöckinger | Abb.: Anja Boretzki | www.verlagruhr.de

Die Fee

In jeder Zeile ist ein Wort zu viel. Streiche es durch.

Hokuspokus und Straße Rosine!

Hier kommt leuchtet die Fee Hermine.

Zaubert schnell, das singt macht sie gut,

einen Schirm aus ihrem Hut Himmel.

Mit dem Stuhl Schirm in der Hand

fliegt lernt sie über das Land.

© Verlag an der Ruhr | Autorin: Monika Plöckinger | Abb.: Anja Boretzki | www.verlagruhr.de

Regen, Wind und Sonne

Hörst du, wie der Regen tropft
und an das Fenster klopft?

Spürst du, wie der Wind saust
und durch die Blätter braust?

Schau, die Sonne lacht!
Wie das Freude macht!

© Verlag an der Ruhr | Autorin: Monika Plöckinger | Abb.: Anja Boretzki | www.verlagruhr.de

Regen, Wind und Sonne

Male die Silbenbögen.

Hörst du, wie der Regen tropft

und an das Fenster klopft?

Spürst du, wie der Wind saust

und durch die Blätter braust?

Schau, die Sonne lacht!

Wie das Freude macht!

© Verlag an der Ruhr | Autorin: Monika Plöckinger | Abb.: Anja Boretzki | www.verlagruhr.de

Regen, Wind und Sonne

Verbinde die Reimwörter.

saust •	• macht
tropft •	• braust
lacht •	• klopft

© Verlag an der Ruhr | Autorin: Monika Plockinger | Abb.: Anja Boretzki | www.verlagruhr.de

Regen, Wind und Sonne

Verbinde die Satzteile.

Hörst du, •	• Sonne lacht!
und an das •	• wie der Wind saust
Spürst du, •	• wie der Regen tropft
und durch •	• Freude macht!
Schau, die •	• Fenster klopft?
Wie das •	• die Blätter braust?

© Verlag an der Ruhr | Autorin: Monika Plockinger | Abb.: Anja Boretzki | www.verlagruhr.de

Regen, Wind und Sonne

Schreibe die passenden Wörter in die Lücken.

Hörst du, wie der ………………………… tropft

und an das ………………………… klopft?

Spürst ………………………… , wie der Wind saust

und ………………………… die Blätter braust?

Schau, die ………………………… lacht!

Wie das ………………………… macht!

Fenster
du
Regen
Sonne
durch
Freude

© Verlag an der Ruhr | Autorin: Monika Plockinger | Abb.: Anja Boretzki | www.verlagruhr.de

Regen, Wind und Sonne

Schreibe die passenden Wörter in die Lücken.

Hörst du, wie der _ _ _ _ _ tropft

und an das _ _ _ _ _ _ _ klopft?

Spürst _ _ , wie der Wind saust

und _ _ _ _ _ die Blätter braust?

Schau, die _ _ _ _ _ lacht!

Wie das _ _ _ _ _ _ macht!

© Verlag an der Ruhr | Autorin: Monika Plockinger | Abb.: Anja Boretzki | www.verlagruhr.de

Regen, Wind und Sonne

Nummeriere in der richtigen Reihenfolge.

☐ Schau, die Sonne lacht!

☐ Hörst du, wie der Regen tropft

☐ Spürst du, wie der Wind saust

☐ Wie das Freude macht!

☐ und an das Fenster klopft?

☐ und durch die Blätter braust?

© Verlag an der Ruhr | Autorin: Monika Plockinger | Abb.: Anja Boretzki | www.verlagruhr.de

Regen, Wind und Sonne

In jeder Zeile ist ein Wort zu viel. Streiche es durch.

Hörst du, wie der Hase Regen tropft

und an das Fenster klopft denkt?

Spürst du, wie der Autobus Wind saust

und durch die Blätter Hamster braust?

Schau, die Sonne sagt lacht!

Wie das Unsinn Freude macht!

© Verlag an der Ruhr | Autorin: Monika Plockinger | Abb.: Anja Boretzki | www.verlagruhr.de

Am Morgen

Wenn der Wecker am Morgen läutet,
weiß ich, was das bedeutet.

Aus dem Bett und Zähne putzen,
dann die Zeit zum Frühstück nutzen.

Spielen kann ich leider nicht,
ich muss zum Unterricht.

© Verlag an der Ruhr | Autorin: Monika Plöckinger | Abb.: Anja Boretzki | www.verlagruhr.de

Am Morgen

Male die Silbenbögen.

Wenn der Wecker am Morgen läutet,

weiß ich, was das bedeutet.

Aus dem Bett und Zähne putzen,

dann die Zeit zum Frühstück nutzen.

Spielen kann ich leider nicht,

ich muss zum Unterricht.

© Verlag an der Ruhr | Autorin: Monika Plöckinger | Abb.: Anja Boretzki | www.verlagruhr.de

Am Morgen

Verbinde die Reimwörter.

nicht •	• bedeutet
putzen •	• Unterricht
läutet •	• nutzen

© Verlag an der Ruhr | Autorin: Monika Plöckinger | Abb.: Anja Boretzki | www.verlagruhr.de

Am Morgen

Verbinde die Satzteile.

Wenn der Wecker •	• leider nicht,
weiß ich, •	• zum Frühstück nutzen.
Aus dem Bett •	• am Morgen läutet,
dann die Zeit •	• zum Unterricht.
Spielen kann ich •	• was das bedeutet.
ich muss •	• und Zähne putzen,

© Verlag an der Ruhr | Autorin: Monika Plöckinger | Abb.: Anja Boretzki | www.verlagruhr.de

Am Morgen

Schreibe die passenden Wörter in die Lücken.

Wenn der .... am Morgen läutet,

weiß ich, was .... bedeutet.

Aus dem .... und Zähne putzen,

dann die Zeit zum .... nutzen.

Spielen kann ich .... nicht,

ich .... zum Unterricht.

Bett

das

leider

Wecker

muss

Frühstück

© Verlag an der Ruhr | Autorin: Monika Plöckinger | Abb.: Anja Boretzki | www.verlagruhr.de

Am Morgen

Schreibe die passenden Wörter in die Lücken.

Wenn der _ _ _ _ _ _ am Morgen läutet,

weiß ich, was _ _ _ bedeutet.

Aus dem _ _ _ _ und Zähne putzen,

dann die Zeit zum _ _ _ _ _ _ _ _ _ nutzen.

Spielen kann ich _ _ _ _ _ _ nicht,

ich _ _ _ _ zum Unterricht.

© Verlag an der Ruhr | Autorin: Monika Plöckinger | Abb.: Anja Boretzki | www.verlagruhr.de

Am Morgen

Nummeriere in der richtigen Reihenfolge.

☐ dann die Zeit zum Frühstück nutzen.

☐ weiß ich, was das bedeutet.

☐ Spielen kann ich leider nicht,

☐ ich muss zum Unterricht.

☐ Wenn der Wecker am Morgen läutet,

☐ Aus dem Bett und Zähne putzen,

© Verlag an der Ruhr | Autorin: Monika Plockinger | Abb.: Anja Boretzki | www.verlagruhr.de

Am Morgen

In jeder Zeile ist ein Wort zu viel. Streiche es durch.

Wenn der Wecker Vogel am Morgen läutet,

weiß ich, was das kommt bedeutet.

Aus dem Bett Heft und Zähne putzen,

dann die Zeit Schüssel zum Frühstück nutzen.

Spielen kann ich leider böse nicht,

ich huste muss zum Unterricht.

© Verlag an der Ruhr | Autorin: Monika Plockinger | Abb.: Anja Boretzki | www.verlagruhr.de

Lustige Dinge

Der Baum aus Schaum,
die Platte aus Watte,

der Ballon aus Ton,
die Kappe aus Pappe.

Weißt du was?
Alles nur Spaß!

© Verlag an der Ruhr | Autorin: Monika Plöckinger | Abb. Mädchen: Anja Boretzki, Ballon: Magnus Siemens | www.verlagruhr.de

Lustige Dinge

Male die Silbenbögen.

Der Baum aus Schaum,

die Platte aus Watte,

der Ballon aus Ton,

die Kappe aus Pappe.

Weißt du was?

Alles nur Spaß!

© Verlag an der Ruhr | Autorin: Monika Plöckinger | Abb.: Anja Boretzki | www.verlagruhr.de

Lustige Dinge

Verbinde die Reimwörter.

Platte •	• Ton
was •	• Schaum
Ballon •	• Spaß
Kappe •	• Watte
Baum •	• Pappe

© Verlag an der Ruhr | Autorin: Monika Plöckinger | Abb.: Anja Boretzki | www.verlagruhr.de

Lustige Dinge

Verbinde die Satzteile.

Der Baum •	• aus Pappe.
die Platte •	• aus Schaum,
der Ballon •	• aus Watte,
die Kappe •	• aus Ton,
Weißt •	• nur Spaß!
Alles •	• du was?

© Verlag an der Ruhr | Autorin: Monika Plöckinger | Abb.: Anja Boretzki | www.verlagruhr.de

Lustige Dinge

Schreibe die passenden Wörter in die Lücken.

Der Baum ………………………… Schaum,

die Platte aus ………………………… ,

der ………………………… aus Ton,

die ………………………… aus Pappe.

Weißt du ………………………… ?

Alles ………………………… Spaß!

Kappe
aus
nur
Watte
Ballon
was

© Verlag an der Ruhr | Autorin: Monika Plöckinger | Abb.: Anja Boretzki | www.verlagruhr.de

Lustige Dinge

Schreibe die passenden Wörter in die Lücken.

Der Baum _ _ _ Schaum,

die Platte aus _ _ _ _ _ ,

der _ _ _ _ _ _ aus Ton,

die _ _ _ _ _ aus Pappe.

Weißt du _ _ _ ?

Alles _ _ _ Spaß!

© Verlag an der Ruhr | Autorin: Monika Plöckinger | Abb.: Anja Boretzki | www.verlagruhr.de

Lustige Dinge

Nummeriere in der richtigen Reihenfolge.

- ☐ die Kappe aus Pappe.
- ☐ die Platte aus Watte,
- ☐ Alles nur Spaß!
- ☐ Weißt du was?
- ☐ Der Baum aus Schaum,
- ☐ der Ballon aus Ton,

© Verlag an der Ruhr | Autorin: Monika Plöckinger | Abb.: Anja Boretzki | www.verlagruhr.de

Lustige Dinge

In jeder Zeile ist ein Wort zu viel. Streiche es durch.

Der gelbe Baum aus Schaum,

die traurige Platte aus Watte,

der Ballon aus Glas Ton,

die Kappe aus Zucker Pappe.

Weißt du nie was?

Alles nur Brot Spaß!

© Verlag an der Ruhr | Autorin: Monika Plöckinger | Abb.: Anja Boretzki | www.verlagruhr.de

Auf dem Spielplatz

Auf dem Spielplatz heute um drei
bin ich sicher auch dabei.

Da spielen wir mit einem Ball
und haben Spaß auf jeden Fall.

Wir werfen uns die Bälle zu
und die Zeit vergeht im Nu.

© Verlag an der Ruhr | Autorin: Monika Plockinger | Abb.: Anja Boretzki | www.verlagruhr.de

Auf dem Spielplatz

Male die Silbenbögen.

Auf dem Spielplatz heute um drei

bin ich sicher auch dabei.

Da spielen wir mit einem Ball

und haben Spaß auf jeden Fall.

Wir werfen uns die Bälle zu

und die Zeit vergeht im Nu.

© Verlag an der Ruhr | Autorin: Monika Plockinger | Abb.: Anja Boretzki | www.verlagruhr.de

Auf dem Spielplatz

Verbinde die Reimwörter.

drei •	• Fall
Ball •	• Nu
zu •	• dabei

© Verlag an der Ruhr | Autorin: Monika Plöckinger | Abb.: Anja Boretzki | www.verlagruhr.de

Auf dem Spielplatz

Verbinde die Satzteile.

Auf dem Spielplatz •	• auf jeden Fall.
bin ich sicher •	• mit einem Ball
Da spielen wir •	• vergeht im Nu.
und haben Spaß •	• auch dabei.
Wir werfen uns •	• heute um drei
und die Zeit •	• die Bälle zu

© Verlag an der Ruhr | Autorin: Monika Plöckinger | Abb.: Anja Boretzki | www.verlagruhr.de

Auf dem Spielplatz

Schreibe die passenden Wörter in die Lücken.

Auf dem Spielplatz heute .... drei
bin ich .... auch dabei.
Da spielen .... mit einem Ball
und haben Spaß auf .... Fall.
Wir .... uns die Bälle zu
und die .... vergeht im Nu.

jeden
sicher
Zeit
um
werfen
wir

© Verlag an der Ruhr | Autorin: Monika Plöckinger | Abb.: Anja Boretzki | www.verlagruhr.de

Auf dem Spielplatz

Schreibe die passenden Wörter in die Lücken.

Auf dem Spielplatz heute _ _ drei
bin ich _ _ _ _ _ _ auch dabei.
Da spielen _ _ _ mit einem Ball
und haben Spaß auf _ _ _ _ _ Fall.
Wir _ _ _ _ _ _ uns die Bälle zu
und die _ _ _ _ vergeht im Nu.

© Verlag an der Ruhr | Autorin: Monika Plöckinger | Abb.: Anja Boretzki | www.verlagruhr.de

Auf dem Spielplatz

Nummeriere in der richtigen Reihenfolge.

- [ ] Wir werfen uns die Bälle zu
- [ ] Da spielen wir mit einem Ball
- [ ] Auf dem Spielplatz heute um drei
- [ ] und die Zeit vergeht im Nu.
- [ ] und haben Spaß auf jeden Fall.
- [ ] bin ich sicher auch dabei.

© Verlag an der Ruhr | Autorin: Monika Plöckinger | Abb.: Anja Boretzki | www.verlagruhr.de

Auf dem Spielplatz

In jeder Zeile ist ein Wort zu viel. Streiche es durch.

Auf dem Herd Spielplatz heute um drei

bin ich sicher auch schön dabei.

Da spielen kochen wir mit einem Ball

und haben Fieber Spaß auf jeden Fall.

Wir werfen uns die Bälle Augen zu

und die Frau Zeit vergeht im Nu.

© Verlag an der Ruhr | Autorin: Monika Plöckinger | Abb.: Anja Boretzki | www.verlagruhr.de

In der Schule

In die Schule gehe ich gerne,
weil ich dort so vieles lerne.

Lesen, schreiben, singen, malen
und das Rechnen mit den Zahlen.

Viele Kinder sind auch hier
und deshalb gefällt es mir.

© Verlag an der Ruhr | Autorin: Monika Plöckinger | Abb.: Anja Boretzki | www.verlagruhr.de

In der Schule

Male die Silbenbögen.

In die Schule gehe ich gerne,

weil ich dort so vieles lerne.

Lesen, schreiben, singen, malen

und das Rechnen mit den Zahlen.

Viele Kinder sind auch hier

und deshalb gefällt es mir.

© Verlag an der Ruhr | Autorin: Monika Plöckinger | Abb.: Anja Boretzki | www.verlagruhr.de

In der Schule

Verbinde die Reimwörter.

malen •	• mir
gerne •	• Zahlen
hier •	• lerne

© Verlag an der Ruhr | Autorin: Monika Plockinger | Abb.: Anja Boretzki | www.verlagruhr.de

In der Schule

Verbinde die Satzteile.

In die Schule •	• so vieles lerne.
weil ich dort •	• singen, malen
Lesen, schreiben, •	• sind auch hier
und das Rechnen •	• gehe ich gerne,
Viele Kinder •	• gefällt es mir.
und deshalb •	• mit den Zahlen.

© Verlag an der Ruhr | Autorin: Monika Plockinger | Abb.: Anja Boretzki | www.verlagruhr.de

In der Schule

Schreibe die passenden Wörter in die Lücken.

In die .... gehe ich gerne,

weil ich dort so .... lerne.

Lesen, ... , singen, malen

und das Rechnen mit den ....

Viele .... sind auch hier

und .... gefällt es mir.

schreiben
Schule
deshalb
vieles
Kinder
Zahlen

© Verlag an der Ruhr | Autorin: Monika Plockinger | Abb.: Anja Boretzki | www.verlagruhr.de

In der Schule

Schreibe die passenden Wörter in die Lücken.

In die _ _ _ _ _ _ gehe ich gerne,

weil ich dort so _ _ _ _ _ _ lerne.

Lesen, _ _ _ _ _ _ _ _ _ , singen, malen

und das Rechnen mit den _ _ _ _ _ _ .

Viele _ _ _ _ _ _ sind auch hier

und _ _ _ _ _ _ _ gefällt es mir.

© Verlag an der Ruhr | Autorin: Monika Plockinger | Abb.: Anja Boretzki | www.verlagruhr.de

In der Schule

Nummeriere in der richtigen Reihenfolge.

☐ weil ich dort so vieles lerne.

☐ Viele Kinder sind auch hier

☐ und das Rechnen mit den Zahlen.

☐ und deshalb gefällt es mir.

☐ In die Schule gehe ich gerne,

☐ Lesen, schreiben, singen, malen

© Verlag an der Ruhr | Autorin: Monika Plockinger | Abb.: Anja Boretzki | www.verlagruhr.de

In der Schule

In jeder Zeile ist ein Wort zu viel. Streiche es durch.

In die Schule Tasche gehe ich gerne,

weil ich dort so vieles finde lerne.

Lesen, husten, schreiben, singen, malen

und das Rechnen mit den Türen Zahlen.

Viele Autos Kinder sind auch hier

und deshalb gesagt gefällt es mir.

© Verlag an der Ruhr | Autorin: Monika Plockinger | Abb.: Anja Boretzki | www.verlagruhr.de

Auf der Schaukel

Ich schwinge hin, ich schwinge her,
Schaukeln liebe ich sehr.

Ich fühle mich so herrlich frei,
Sorgen sind mir einerlei.

Durch die Haare streift der Wind,
Schaukeln mag wohl jedes Kind.

© Verlag an der Ruhr | Autorin: Monika Plöckinger | Abb.: Anja Boretzki | www.verlagruhr.de

Auf der Schaukel

Male die Silbenbögen.

Ich schwinge hin, ich schwinge her,

Schaukeln liebe ich sehr.

Ich fühle mich so herrlich frei,

Sorgen sind mir einerlei.

Durch die Haare streift der Wind,

Schaukeln mag wohl jedes Kind.

© Verlag an der Ruhr | Autorin: Monika Plöckinger | Abb.: Anja Boretzki | www.verlagruhr.de

Auf der Schaukel

Verbinde die Reimwörter.

frei •	• Kind
her •	• einerlei
Wind •	• sehr

© Verlag an der Ruhr | Autorin: Monika Plockinger | Abb.: Anja Boretzki | www.verlagruhr.de

Auf der Schaukel

Verbinde die Satzteile.

Ich schwinge hin, •	• so herrlich frei,
Schaukeln liebe •	• mir einerlei.
Ich fühle mich •	• ich schwinge her,
Sorgen sind •	• ich sehr.
Durch die Haare •	• jedes Kind.
Schaukeln mag wohl •	• streift der Wind,

© Verlag an der Ruhr | Autorin: Monika Plockinger | Abb.: Anja Boretzki | www.verlagruhr.de

Auf der Schaukel

Schreibe die passenden Wörter in die Lücken.

Ich schwinge .... , ich schwinge her,

Schaukeln .... ich sehr.

Ich fühle mich so .... frei,

.... sind mir einerlei.

Durch die .... streift der Wind,

Schaukeln mag .... jedes Kind.

herrlich
hin
wohl
liebe
Sorgen
Haare

© Verlag an der Ruhr | Autorin: Monika Plöckinger | Abb.: Anja Boretzki | www.verlagruhr.de

Auf der Schaukel

Schreibe die passenden Wörter in die Lücken.

Ich schwinge _ _ _ , ich schwinge her,

Schaukeln _ _ _ _ _ ich sehr.

Ich fühle mich so _ _ _ _ _ _ _ _ frei,

_ _ _ _ _ _ sind mir einerlei.

Durch die _ _ _ _ _ streift der Wind,

Schaukeln mag _ _ _ _ jedes Kind.

© Verlag an der Ruhr | Autorin: Monika Plöckinger | Abb.: Anja Boretzki | www.verlagruhr.de

Auf der Schaukel

Nummeriere in der richtigen Reihenfolge.

- ☐ Ich fühle mich so herrlich frei,
- ☐ Schaukeln mag wohl jedes Kind.
- ☐ Ich schwinge hin, ich schwinge her,
- ☐ Sorgen sind mir einerlei.
- ☐ Schaukeln liebe ich sehr.
- ☐ Durch die Haare streift der Wind,

© Verlag an der Ruhr | Autorin: Monika Plockinger | Abb.: Anja Boretzki | www.verlagruhr.de

Auf der Schaukel

In jeder Zeile ist ein Wort zu viel. Streiche es durch.

Ich schwinge laufe hin, ich schwinge her,

Schaukeln Hören liebe ich sehr.

Ich fühle mich so herrlich gelb frei,

Sorgen Bären sind mir einerlei.

Durch die Nägel Haare streift der Wind,

Schaukeln mag ruft wohl jedes Kind.

© Verlag an der Ruhr | Autorin: Monika Plockinger | Abb.: Anja Boretzki | www.verlagruhr.de

Wolken

Ich sehe die Wolken am Himmel an
und staune, was ich erkennen kann;

dort einen Bären, hier einen Hund
und ein Gesicht, so kugelrund.

Machst du mit bei dem Spiel?
Wolken zeigen uns viel.

© Verlag an der Ruhr | Autorin: Monika Plöckinger | Abb.: Anja Boretzki | www.verlagruhr.de

Wolken

Male die Silbenbögen.

Ich sehe die Wolken am Himmel an

und staune, was ich erkennen kann;

dort einen Bären, hier einen Hund

und ein Gesicht, so kugelrund.

Machst du mit bei dem Spiel?

Wolken zeigen uns viel.

© Verlag an der Ruhr | Autorin: Monika Plöckinger | Abb.: Anja Boretzki | www.verlagruhr.de

Wolken

Verbinde die Reimwörter.

Hund •	• kann
an •	• viel
Spiel •	• kugelrund

© Verlag an der Ruhr | Autorin: Monika Plöckinger | Abb.: Anja Boretzki | www.verlagruhr.de

Wolken

Verbinde die Satzteile.

Ich sehe die Wolken •	• was ich erkennen kann;
und staune, •	• am Himmel an
dort einen Bären, •	• so kugelrund.
und ein Gesicht, •	• zeigen uns viel.
Machst du mit •	• hier einen Hund
Wolken •	• bei dem Spiel?

© Verlag an der Ruhr | Autorin: Monika Plöckinger | Abb.: Anja Boretzki | www.verlagruhr.de

Wolken

Schreibe die passenden Wörter in die Lücken.

Ich sehe die .... am Himmel an

und .... , was ich erkennen kann;

.... einen Bären, hier einen Hund

und ein .... , so kugelrund.

Machst du mit .... dem Spiel?

Wolken .... uns viel.

bei
Gesicht
Wolken
staune
zeigen
dort

© Verlag an der Ruhr | Autorin: Monika Plöckinger | Abb.: Anja Boretzki | www.verlagruhr.de

Wolken

Schreibe die passenden Wörter in die Lücken.

Ich sehe die _ _ _ _ _ _ am Himmel an

und _ _ _ _ _ _ , was ich erkennen kann;

_ _ _ _ einen Bären, hier einen Hund

und ein _ _ _ _ _ _ _ , so kugelrund.

Machst du mit _ _ _ dem Spiel?

Wolken _ _ _ _ _ _ uns viel.

© Verlag an der Ruhr | Autorin: Monika Plöckinger | Abb.: Anja Boretzki | www.verlagruhr.de

Wolken

Nummeriere in der richtigen Reihenfolge.

☐ Machst du mit bei dem Spiel?

☐ Ich sehe die Wolken am Himmel an

☐ dort einen Bären, hier einen Hund

☐ Wolken zeigen uns viel.

☐ und staune, was ich erkennen kann;

☐ und ein Gesicht, so kugelrund.

© Verlag an der Ruhr | Autorin: Monika Plöckinger | Abb.: Anja Boretzki | www.verlagruhr.de

Wolken

In jeder Zeile ist ein Wort zu viel. Streiche es durch.

Ich sehe die Berge Wolken am Himmel an

und staune, was ich erkennen brauchen kann;

dort einen Bären Zettel, hier einen Hund

und ein Gesicht Wort, so kugelrund.

Machst du mit bei dem Schnitzel Spiel?

Wolken Tische zeigen uns viel.

© Verlag an der Ruhr | Autorin: Monika Plöckinger | Abb.: Anja Boretzki | www.verlagruhr.de